AF233798

LETTRE

D'UN

JEUNE PAIR DE FRANCE

AUX FRANÇAIS DE SON AGE.

Messieurs,

Il est des occasions où les habitans d'un même pays ressentent plus que jamais le besoin de s'entendre. Nous devons l'éprouver tous en approchant d'une époque où il s'agit de dresser la liste des personnes aptes à nommer les représentans des départemens ; je l'éprouve comme citoyen.

Il est en outre des occasions où il est du devoir d'un homme en particulier de prendre la parole sur la manière de satisfaire ce besoin dont je viens de parler : ce devoir, c'est ma position qui le fait ; c'est ma position indépendante, je dirai même élevée en tant qu'elle peut être utile. Je la prise à cause de cela, et j'en fais usage. Il ne faut pas se le dissimuler, la liste électorale que les préfets sont appelés à dresser ne le sera pas seulement pour le jury, et tout semble annoncer que le ministère va tenter la fortune dans une nouvelle lutte sur le terrain des élections. Et d'abord les pouvoirs légaux de la

Chambre des députés expirent après la session prochaine, quelque soit d'ailleurs le texte de la loi; chacun le sait; le pouvoir est averti que chacun le sait; il est donc obligé de le savoir, voulût-il paroître en ignorer. De plus, si l'on interroge les faits présens, la censure établie au moment où tous les raisonnemens, je dirai même toutes les invectives, étoient épuisés contre le ministère, la censure gendarmée en toute occasion contre l'article 50 de la Charte[1]; le changement de préfets, qui enrichit certaines localités des meilleurs faiseurs d'élections, tout cela ne proclame-t-il pas à l'avance l'ordonnance de dissolution? le temps d'ailleurs qui amène chaque année de jeunes électeurs, le temps est de l'opposition; il est inexorable et sa faulx est un argument terrible. Il faut donc le gagner de vitesse, car une année de plus seroit une victoire pour les constitutionnels. Mais ce n'est pas tout: remarquez la date du jour où toutes les listes devront être affichées au chef-lieu de chaque commune, en exécution de l'art. 3 de la loi du 2 mai. Sans doute, pénétrée des devoirs que lui impose une discussion à laquelle elle a pris part, qu'elle a certainement comprise, l'administration a rempli les intention de la Chambre-Haute, qui a étudié avec tant de soin l'organisation du jury; sans doute, pensant avec elle qu'une première fois surtout qu'un pays doit user d'un droit, il a besoin d'être aidé, il a besoin de plus de temps pour le faire valoir, l'administration lui aura donné la plus grande latitude, le plus de temps possible? Point du tout; la Chambre des pairs a dit:

« *Les listes, dressées en exécution de l'article précédent, seront affichées au chef-lieu de chaque commune au plus tard le 15 août.....* »

Et c'est le 15 août que le ministère choisit? Il

---

1 Un journal ayant offert à la censure, et sans commentaire, l'article qui confère au Roi le droit de dissoudre la Chambre des députés, la citation pure et simple a été biffée.

est dans la lettre assurément ; mais qu'il rassemble ses souvenirs, qu'il se rappelle cette mémorable délibération, qui a sagement attribué à chaque mot un sens bien précis, une portée bien définie, et qu'il avoue que ce n'étoit pas sans dessein que la Chambre avoit voté ces mots : *au plus tard.....* Au fait, qu'importe ? ne savons-nous pas ce que valent les renvois de pétitions et les opinions de la Chambre des pairs ? Il y a donc tout l'étroit possible dans ce que vous avez ordonné ; votre génie a donc passé par là, et la dissolution de la Chambre des députés n'est pas loin. Écoutons enfin les citoyens qui ont déjà parcouru les départemens, ils ont pu s'assurer par eux-mêmes des améliorations subites apportées à quelques caractères, des affabilités nées d'hier chez quelques individus, des démarches patentes faites par les personnes qui doivent être les mieux informées. Pour n'en citer qu'un exemple : on annonce que l'abbé Fayet sollicite des suffrages dans le département de la Lozère ; et nous tenons un des télégraphes de la congrégation trahissant le secret de ses gestes. Il est donc vrai, et déjà sans doute sont prêts à monter à cheval ces courriers à circulaires qui, partant du pied de la colonne de la place Vendôme, tournent le dos à la gloire, et font courir sur toute la surface de la France ce mot d'ordre : *Autriche et Espagne.* Il est toutefois une remarque qui doit trouver ici sa place, c'est que la liste close le 30 septembre 1827 servant de liste électorale jusqu'au 30 septembre 1828 (sauf rectification des droits électoraux acquis ou perdus), la Chambre des députés peut très-bien n'être dissoute qu'après la session prochaine, et les colléges être convoqués encore avant la formation d'une nouvelle liste ; de sorte que si, par la négligence impardonnable des citoyens, les listes sourioient au ministère à cause de l'absence d'un grand nombre de noms, ce ne seroient plus sept sessions de vie qu'il auroit devant lui ; mais huit, huit sessions mortelles pour ce qui a survécu de la Charte.

Aussi, Messieurs, vous voyez comme moi chaque jour s'agiter autour de nous de nobles passions politiques, et chaque jour des éclairs venir faire le jour au milieu de la nuit. De toutes parts, des voix courageuses s'adressent aux citoyens que leur âge appelle à prendre place en face de l'urne électorale.

C'est à des voix plus graves, plus éloquentes que la mienne que cette tâche est réservée : c'est aux hommes qui ont un passé derrière eux à faire entendre aux uns des avis sévères, aux autres des encouragemens, à tous les vœux de la patrie. Pour moi, qui n'ai de l'espace que devant moi, il est une portion de mes concitoyens avec laquelle me font sympathiser mon âge et la grande question de l'avenir. C'est à eux que je m'adresse ; heureux, si j'ai pu émettre un vœu digne d'eux ; heureux, si je suis entendu !

Il est beau, il doit nous plaire ce spectacle des intérêts politiques enfin compris, ce concert d'exhortations qui ne fatigueront ni ceux qui écoutent, ni ceux qui parlent, qui ne fatigueront que ceux qui prétendent faire de la liberté avec la censure, et interpréter Louis XVIII en faisant mentir ses paroles ! Mais si ce spectacle est beau, si ce concert est doux, nous contenterons-nous d'être simples spectateurs ? Tout frappés d'incapacité politique que nous sommes, parce que nous n'aurons pas eu trente ans le 30 octobre 1827, n'avons-nous donc pas des rôles d'hommes à remplir ? Serois-je donc capable de si bien aimer mon pays, et ne le serois-je pas de le servir ? Ne puis-je trouver une place pour moi dans le cercle de la loi ? Il en est une, et nous nous y placerons tous. Peuple constitutionnel, nous commencerons à pratiquer dès aujourd'hui l'art de conserver sans être conquérant, la science de faire tout ce que permet la loi, sans rien faire de ce qu'elle défend. En butte chaque jour à des envahissemens administratifs, nous saurons du moins nous défendre dans nos derniers retranchemens : placés derrière les élections, songeons que tout est là, le présent, l'avenir et même le passé dans ses brillans souvenirs. Réserve que nous sommes dans cette armée d'électeurs qui va livrer un combat décisif pour la liberté de la France, gardons nous de rester oisifs, et songeons que si la réserve n'agit pas cette fois, elle n'agira peut-être jamais; elle ne deviendra peut-être jamais première ligne.

Un moyen nous est offert; saisissons-le avec ardeur.

Nous avons vu trois honorables citoyens assurer, par un beau dévouement, la défaite du ministère à Angoulême [1]. Nous les avons vus se constituer en surveillans des listes, en scrutateurs de la conduite de l'administration; voilà pour l'autorité. Mais cette intervention qui peut quelquefois suffire dans le sein des villes, suffira-t-elle dans les campagnes où l'une des plaies électorales est la négligence même des électeurs? Qui ira réveiller ceux qui sommeillent, ranimer les nonchalans ou aider les infirmes?.... Vous le voyez, j'ai eu raison de m'adresser à vous; car dans l'âge où les mouvemens sont plus libres, plus prompts, c'est à vous d'être les ailes d'un corps d'armée prêtes à s'étendre dans la plaine.

Cette pensée, Messieurs, n'est pas nouvelle, et je suis heureux d'avoir à vous dire que déjà elle avoit été mise à exécution dans un arrondissement du Midi aux dernières élections.

---

[1] Il ne sera pas inutile de rappeler ici ce qui s'est passé dans cette ville. Sur 113 voix qu'a obtenues l'honorable M. Delalot, il y en avoit 53 qui se seroient portées sur l'honorable M. Gellibert, candidat de l'Opposition de gauche, si cette dernière, se trouvant en minorité, ne se fût franchement réunie à celle de droite. Il est impossible qu'aux prochaines élections, partout où l'Opposition de droite se trouvera à son tour en minorité, elle se montre moins généreuse et ne sente pas le besoin d'imiter la noble démarche des partisans de M. Gellibert, et de M. Gellibert lui-même. Que cet accord patriotique ne se démente pas, que chacun suive le rôle qu'un dénombrement préalable lui aura assuré, et le ministère ne pourra mettre en péril rien de ce qui nous est cher.

Un bureau consultatif d'avocats et de proprié-
taires influens s'étoit formé, qui répondoit à toutes
les questions, résolvoit toutes les difficultés et sur-
veilloit la confection des listes, comme dans beaucoup d'autres localités. Mais ici on fit plus : autour
de ce bureau se groupèrent une foule de jeunes gens
auxquels leur âge ne permettoit pas de voter, et qui
mirent en commun leur temps, leur crédit, quelque
argent : chacun contribuoit suivant sa fortune ou sa
position plus ou moins indépendante. Pendant que
les premiers se plaçoient en face de l'administration,
comme pour lui faire équilibre, aux derniers étoit
dévolu le soin de parcourir les campagnes sur des
chevaux payés par la bourse commune, d'aller chez
les cultivateurs que les soins de la ferme retenoient
chez eux et qui n'étoient citoyens foibles que parce
qu'on leur imposoit les devoirs de citoyens en temps
inopportun, chez les habitans éloignés qui man-
quoient de moyens faciles de communications, chez
ceux que bien des années d'inactivité politique
avoient laissé ignorans de leurs droits ou des for-
malités nécessaires pour les assurer, vers cette
classe enfin des indifférens, trop nombreuse encore
chez un peuple fatigué de tant de gloire et de sa-
crifices. Arrivés auprès d'eux, ils s'informoient de
l'état des réclamations, les engageoient à les faire,
si elles ne l'étoient pas encore, ou même s'offroient
comme fondés de pouvoirs, et présentoient, à la
signature des électeurs, des mandats spéciaux pré-
parés d'avance.

Après avoir rempli ce pieux devoir, ces messagers
de nouvelle espèce, qui se trouvoient payés par
leurs peines mêmes, remontoient à cheval, portoient
eux-mêmes les réclamations aux autorités compé-
tentes pour en connoître, attendoient les réponses,
les demandoient, les demandoient encore, ne se
laissoient rebuter par aucun délai, par aucune froi-
deur, et ne retournoient vers le foyer du Français
vraiment citoyen alors, que chargés des titres qui
devoient assurer au pays un représentant de plus ;

noble intervention, influence toute patriotique, toute constitutionnelle !

Ils ne vouloient rien régir, rien diriger ; ils vouloient aider seulement, et ils ont aidé. Jeunesse sans présomption, elle rejeta loin d'elle toute pensée d'enseigner l'âge mûr ou la vieillesse ; elle étoit le courrier de tous les deux et le soutien de la dernière. C'étoient encore les enfans des citoyens, des électeurs, qui les protégeoient sur ce chemin politique où la ligue a porté ses barricades, sur cette route dégradée par ses propres cantonniers, tout bien payés qu'ils sont.

Ces soins n'ont pas été sans fruit : beaucoup d'électeurs ont paru qui ne s'étoient jamais montrés, et ce qui arrivera partout où les électeurs voudront exercer leur droit, est arrivé : le système ministériel a été condamné ; le nom d'un député vraiment représentant du pays est sorti de l'urne : la France a triomphé.

Tels seront en tous lieux les résultats de vos efforts, Messieurs, si un noble exemple vous enflamme, et trouve en vous des imitateurs actifs et courageux.

Il en a déjà trouvé à Lyon, à Villefranche, à Châlons-sur-Saône et à Nancy.

Vous ne devez pas perdre de vue, Messieurs, le deuxième paragraphe de l'art. 3 de la loi du 2 mai, qui est ainsi conçu :

« *Un exemplaire en sera déposé et conservé au secrétariat des mairies, des sous-préfectures et des préfectures, pour être donné en communication à toutes les personnes qui le requerront.* »

Ainsi, dès le 15 août, et je ne saurois trop insister sur la nécessité d'une tournée à cette époque d'autant plus favorable qu'elle est celle des vacances, dès le 15 août, il sera facile à ceux qui se seront transportés dans les communes rurales, de vérifier de suite si les noms de quelques électeurs de cette commune ont été omis, ou si d'autres y sont induement placés. Dans le premier cas, ils s'offriroient comme mandataires spéciaux, si l'électeur ne pouvoit réclamer, lui-même; dans le deuxième, ils en feroient part au bureau, centre des opérations, qui feroit aussitôt la réclamation, en prendroit un récépissé, et réclameroit, au nom de tels ou tels citoyens, la décision du préfet, qui ne peut se faire attendre plus de cinq jours après la remise des pièces. (*Ordonnance du Roi du 4 septembre* 1820). Un défenseur éloquent de la Charte nous le disoit hier : une garnison d'invalides retranchés dans un donjon délabré, fait-elle la loi aux assiégeans, quand la place est prise et le pays occupé ? Occupons donc le pays avec nos pères, nos frères. Ce n'est pas nous qui prendrons la place, mais nous pouvons secourir les combattans, en amener de nouveaux, soutenir ceux qui chancellent; nous avons enfin un assez beau rôle à remplir.

-- Allons! qu'un mouvement unanime s'empare de notre génération; que ses aînés aillent se mêler aux électeurs. Et nous, montrons-nous dignes de l'être un jour : On ne peut dire *tout est perdu fors l'honneur*, que quand on a tout fait pour le sauver; François Ier n'a succombé qu'un contre cent : Succomberons-nous cent contre un ?

Je devrois m'arrêter ici, Messieurs; car ce seroit vous faire injure que de vous supposer médiocrement émus en face des événemens politiques qui se pressent autour de nous. Ce seroit vous faire injure que de supposer qu'on eût besoin de vaines paroles pour vous exciter à sentir ce que vous sentez si bien. Mais vos intentions seront calomniées : permettez-moi donc de répondre une dernière fois pour toutes en votre nom à vos détracteurs, sauf à répéter des pensées déjà émises.

A ceux qui vous taxeroient de provoquer des dangers, et de remuer les cendres de la révolution, comme pour y chercher une étincelle, vous diriez : Les dangers, ce n'est pas nous qui les avons provoqués, d'autres les ont faits, et c'est pour les conjurer que nous voulons intercéder. Quant à la révolution, qu'avons-nous de commun avec elle, si ce n'est la jouissance du bien qu'elle a enfanté avec tant de douleur, et des leçons que nous y trouvons pour nous et pour d'autres. Trop jeunes encore, nous n'avons plié ni sous les misères de l'émigration, ni sous le joug affreux de l'anarchie, ni sous les lauriers d'un glorieux despotisme. Venus au monde politique avec l'œuvre de Louis XVIII, jumeaux de la Charte, nous chérissons notre sœur, et nous ne voyons pas là un crime. Nous avons entendu raconter bien des défaites sanglantes, nous avons vu même verser encore des pleurs, et nous ne voulons pas en verser nous-mêmes, nous ne voulons avoir que des victoires paisibles à raconter; nous ne voyons pas là un crime. Nous avons entendu un serment auguste, et nous voulons empêcher que des hommes se placent entre lui et la liberté de la presse, écho qui l'exprime; nous ne voyons pas là un crime. C'est sur ces hommes-là que plane le génie des révolutions, c'est eux qu'il inspire, et la censure est le drapeau noir qui annonce à la France qu'il n'y a point de quartier pour elle.

A ceux qui vous supposeroient la folle prétention d'envahir les élections, de les maîtriser, vous direz: Si un fils offroit sa plume, ses soins à son père, l'appelleriez-vous le dominateur de sa famille? Eh bien! que faisons-nous? nous, les héritiers constitutionnels des électeurs, nous qui leur offrons notre plume, nos soins, ce sont des devoirs semblables que nous remplissons. Nous savons aussi, bien qu'hommes du monde, que nos concitoyens comprennent parfaitement les devoirs qui leur sont imposés, la responsabilité immense qui va peser sur eux, qu'ils ne manqueront pas à ce rendez-vous peut-être anticipé, vrai rendez-vous d'honneur, que la loi leur a donné au bout des cinq années de vie de la Chambre de 1823. Notre rôle à nous, est seulement de les aider de l'activité de notre âge. Si nous allons vers un cultivateur, il n'y verra qu'un hommage rendu à sa noble et utile profession : si nous offrons à un vieux militaire de faire valoir des droits que des blessures lui rendroient pénible de réclamer lui-même, il n'y verra qu'un tribut payé au défenseur de la patrie, à d'illustres cicatrices ; si enfin nous courons au vieillard qui ne peut quitter qu'avec peine le foyer de sa maison, il n'y verra qu'un témoignage de respect, qu'une manière de plus d'honorer ses cheveux blancs. A Sparte, les jeunes gens se levoient à l'aspect des vieillards : nous feroit-on un reproche d'aller au-devant d'eux, de leur épargner quelques pas ? Les électeurs n'apercevront donc dans les démarches de la jeunesse qu'un dévouement à leurs propres intérêts, et ils l'en récompenseront en assurant son avenir par des élections constitutionnelles.

Qu'il nous soit permis maintenant de faire remarquer que nous n'avons cherché à soulever aucune passion, si ce n'est l'amour du bien public : celle-là peut bien être censurée, mais elle sera toujours monnoie courante chez nous. Le but, l'unique but de ce grand mouvement sur la surface de la France, seroit d'amener tous les électeurs jusqu'à l'urne électorale, qui est leur droit. Qui oseroit reprocher un si louable projet à ceux qui entreprendroient de le mettre à exécution ? ceux-là seuls qui ne veulent pas d'élections véritables.

Recevez, Messieurs, l'assurance de mon entier dévouement.

COMTE **MONTALIVET**, PAIR DE FRANCE.

Pièces à produire ou à faire produire par UN MANDA-
TAIRE SPÉCIAL*, pour figurer sur la liste électorale,
qui doit étre* CLOSE LE 30 SEPTEMBRE A MINUIT.

1°. Un extrait des rôles de 1827, délivré par le percepteur de la commune, et visé par le maire, attestant que la propriété est possédée, la location faite, la patente prise, l'industrie exercée depuis une année entière et sans interruption. Si l'année échéoit du 15 août au 30 septembre 1827, le certificat doit porter qu'elle a commencé le. . . . .

L'année révolue n'est pas nécessaire pour le propriétaire par succession ; dans ce cas, il doit fournir un acte justificatif des droits successibles.

2°. Un acte de naissance, quand il n'a pas été déjà fourni[1].

3°. Dans le cas de délégation d'une veuve, autorisée par l'art. 5 de la loi du 29 juin 1820, il faut produire un extrait des contributions de la veuve, un certificat de la possession annale, et l'acte de délégation qui doit être notarié.

---

[1] Si l'on vouloit obliger les électeurs à reproduire leur acte de naissance chaque année, ce ne seroit évidemment que par une fausse interprétation de la loi, cet acte étant invariable.

NOTES.

Des lettres qui nous arrivent en foule des départemens nous parlent de l'enthousiasme avec lequel nos publications sont reçues. Presque tous nos correspondans trouvent insuffisans le nombre d'exemplaires que nous envoyons au chef-lieu de chaque département, et nous demandent de leur en envoyer davantage. Nous voudrions pouvoir nous rendre à leurs désirs, mais les frais considérables qu'exigent ces publications nous mettent dans l'impossibilité d'y satisfaire.

On nous écrit de plusieurs villes qu'il vient de s'y former de nouvelles *sociétés des amis de la liberté de la presse* qui se chargent de la distribution de nos brochures, et qui sont même dans l'intention de faire réimprimer celles d'entre elles qui présenteront le plus d'intérêt, pour les distribuer en plus grand nombre ; c'est un exemple que nous invitons toutes les villes importantes par leur population, à suivre.

On dit que le ministère se propose de combattre nos brochures par d'autres brochures qu'il publiera aussi *gratis* ; il les répandra certainement avec profusion, et il lui sera beaucoup plus facile qu'à nous de les faire parvenir dans toutes les villes du royaume, puisqu'il pourra se servir de la poste, moyen auquel, pour de bonnes raisons, nous n'oserions nous confier. Mais tout cela ne nous effraie pas : il en sera des brochures du ministère comme de ses journaux, personne ne les lira. Il sera assez curieux de voir la censure appeler la liberté à son secours pour se défendre. Peut-on condamner plus naïvement le misérable système d'oppression que l'on suit.

Nous invitons toutes les personnes entre les mains desquelles nos brochures tomberont à ne pas les conserver, mais à les faire circuler, après en avoir pris lecture, de manière à leur donner la plus grande publicité possible.

22